RÉFORME

DÉMOCRATIQUE

PAR

UN CARRIER DE LA GIRONDE.

« Les priviléges finiront. »
(MIRABEAU.)

« Simplifier. »
(*Publicistes divers.*)

BORDEAUX,

Imprimerie des Ouvriers-Associés, rue du Parlement-Sainte-Catherine, 19.

(*Métreau, gérant titulaire.*)

1849

PRÉFACE.

Cet opuscule, comme un grand nombre d'autres qui valent mieux, passera inaperçu. Cependant il résume les besoins du moment : il est l'écho de ce qui se dit dans l'atelier, sous la mansarde, sous le chaume, sur la gabare du *ponentais*, sur le sloop du *mangeur d'huile;* c'est le cri de Jacques Bonhomme, comme disaient les rois, depuis le moyen âge. A ce titre, il vaut la peine que vous le lisiez, croyez-moi.

RÉFORME DÉMOCRATIQUE.

A quoi sert au peuple qui la paie une révolution qui augmente ses dépenses et grossit son budget?

Le suffrage universel va clore l'ère des révolutions violentes et à main armée; mais ne doit-il pas amener en même temps une suite de révolutions pacifiques que nécessite notre état social? c'est ce que nul n'est en droit de nier. A nous à formuler celles qui sont exigées impérieusement et à bref délai.

Que veut la démocratie? Le gouvernement du peuple par lui-même, au profit de tous.

Qu'ont voulu, que veulent, qu'ont obtenu les monarchies et un grand nombre de leurs adhérents de toutes les écoles? Le monopole, la corruption, comme moyen de gouvernement, les places pour eux, puis un énorme budget dont ils se sont partagé les bénéfices, en distribuant les charges aux autres. Les preuves en sont irrécusables et solennelles : Electeurs à 2 et 300 fr.; 194,000 fonctionnaires éligibles; une chambre des pairs, tantôt héréditaire, tantôt viagère, mais toujours choisie par le pouvoir; 300 députés sur 500, toujours sous le coup d'une destitution; 200,000 électeurs se partageant les faveurs du pouvoir, législateurs souverains, auxquels on en appelait quelquefois ! un budget triplé en trente ans; un état social, s'empirant de jour en jour, d'heure en heure; la misère creusant un abîme sans fond, où pouvait disparaître, d'un instant à l'autre, toute une civilisation péniblement amassée.

Eh bien! l'œuvre de ce système corrupteur et corrompu est encore debout! De toutes les institutions de l'empire, de la restauration et de la monarchie de juillet, nulle n'est encore renversée !

Un club fameux de la Gironde, jetant son manifeste au peuple, disait naguère : « La révolution est finie, la République » commence. » Nous allons dire : « La République est établie, » la révolution commence. »

A l'œuvre donc, républicains sans aucune acception de date, républicains par le cœur, par l'âme et la pensée, républicains démocratiques qui voulez, pour le peuple, ses droits imprescriptibles, sa liberté, son droit au travail, à l'œuvre, socialistes, la révolution commence !

Mais je vous en supplie, plus de ces beaux édifices dont le moindre vent disperse les débris ; songez que nous sommes, avant tout, des hommes aux passions étroites et violentes ; que nos régions sont tempétueuses, que la terre n'a pas une douce moiteur qui pousse aux nues une végétation tropicale ; que nous, faibles mortels, ne deviendrons jamais les demidieux que vous croyez.

L'humanité prépare ses réformes par de longues souffrances : leur maturité n'arrive qu'avec le temps. Telle révolution est proclamée par toutes les lois de la logique et du bon sens, qui ne peut s'opérer, parce que le besoin n'en est pas *universellement senti*. Les hommes politiques, comme les socialistes, quels qu'ils soient, ne doivent donc demander l'application immédiate d'un système nouveau qu'alors que les abus de celui qu'ils veulent renverser sont généralement sentis, qu'ils ne se font, en quelque sorte, que l'écho du cri populaire. Il ne faut pas devancer son temps, sous peine de n'être pas entendu.

Me trompè-je, quand je viens signaler l'abus des contributions indirectes, en demander le renversement ? me trompè-je, sur l'édification d'un système nouveau qui doit en remplacer les recettes dans le trésor d'un grand peuple qui, pour ses travaux gigantesques, sa gloire immense, a des besoins auxquels il faut pourvoir ?

Je dis, résolument, non. Non, car tout ce peuple qui m'environne est de mon avis. Non, car ma nouvelle loi est toute de justice et d'équité. — Non, car cette vérité, proclamée par les siècles qui nous ont précédés, n'a rencontré que l'opposition des riches, des puissants, de ceux qui sont avides de vivre aux dépens de tous. — Non, car cette loi nécessaire, solennellement proclamée par notre Constitution, doit enfin être exécutée. — Non, parce que nul des enfants du peuple ne protestera contre ce livre. — Non, parce qu'il ne rencontrera d'opposition que parmi 200,000 fonctionnaires, dont il veut mettre la moitié en retraite. — Non, parce qu'il ne sera attaqué que par ceux qui vivent de ces innombrables abus que je tente de détruire.

Sans nul doute, l'impôt devrait être la chose la plus simple de toutes les inventions de la société, sa perception la plus facile des opérations. Et cependant, depuis les premières associations humaines jusqu'à nos jours, l'impôt n'a cessé de se compliquer; il ne varie que par son iniquité et sa confusion. Tous les modes imaginables ont été tour à tour employés, on les retrouve tous debout, et leur perception appelle encore à son aide, la cruauté, le meurtre et le brigandage. Au moyen âge, on dépouille les juifs, leurs débiteurs deviennent débiteurs du roi; la vaisselle d'argent devient propriété du roi; la fausse monnaie, privilége du roi. Si ces exactions ne suffisent pas, on frappera 12 fr. d'or par feu (1). Une ville, Montpellier, refusant de les percevoir, le doux roi Charles V, dit le Sage, rend cette sentence pleine d'aménité : 200 citoyens devront y être brûlés vifs, 200 pendus, 200 décapités, 1,800 notés d'infamie. L'impôt progressif, inventé aux mêmes temps, et qui brille de nos jours dans tout son éclat, commençait ses prouesses alors. Les états généraux de 1355 substituent aux droits sur les ventes et le sel, établis par eux, mais universellement repoussés, un impôt du revenu : 5 p. 100 sur les pauvres, 4 sur les biens médiocres, 2 p. 100 sur les riches; plus on possédait, moins on payait : cela équivaut à nos prestations. Celui dont le revenu est de 1 fr. par jour, paie 1 fr. 50 c.; celui qui en possède un de 20 fr., paie une somme pareille. Il n'y avait que cette égalité capable de dépasser la progression dont nous parlions tout à l'heure.

Si au moyen âge l'impôt était l'exaction, par la force brutale

____

(1) Par feu, par chef de famille, devant l'impôt, la chaumière est égale au palais.

on pouvait encore l'éviter. Le marchand passait la rivière à la nage et laissait le pont aux manants et aux gueux ; le grand seigneur, pour recevoir son tribut, ne devait plus suivre l'humble vallée, mais braver la neige des montagnes : ils étaient trop poltrons, lui et ses gens, pour le faire ; le juif convertissait à temps son or en une lettre de change ; l'écu de Philippe-le-Bel, au lieu de payer les deux setiers, ne valait qu'un douzième de boisseau ; le pauvre, pour qui l'étain était un grand luxe, laissait le riche acheter, de sa vaisselle, la honte d'une guerre de Flandre.

Aujourd'hui que tout est compté et mesuré, l'air qu'on respire, le vin qu'on boit, le pain qu'on mange, la lutte est devenue difficile. Mais patience, n'avons-nous pas le suffrage universel ?

Peuple, tu es malheureux ; pourquoi donc 500,000 hommes sous les armes en pleine paix ? 500,000 ouvriers qui ne produisent rien, qui dépensent beaucoup, qui coûtent 400 millions, qui produiraient en blé, en vins, en métaux forgés, en travaux d'amélioration, 600 millions ; total : 1 milliard, dont tu paies, par an, ton armée. Un milliard ! un rien, une bagatelle, quand on a le bonheur de composer soi-même cette armée et d'y sacrifier stérilement les plus belles années de sa vie.

Pourquoi ces 30,000 douaniers qui te fouillent, citoyen, comme un scélérat dangereux, qui défoncent tes malles, insultent à la pudeur de ta fille, brisent les parois du navire pour y chercher la contrebande, t'arrêtent à chaque étape et t'y font séjourner malgré toi ? Je vais te le dire.

C'est afin que ces vastes champs de céréales ne nourrissent plus qu'un ignoble légume ; que, du contre-coup, 40,000 marins meurent frappés dans leurs foyers ; qu'aux temps de disette, le blé que ces champs produisaient, manque au peuple qui a faim ; que nos colonies, qui sont françaises, meurent aussi consumées de langueur, elles qui produisaient du sucre à 10 c. le demi-kilogramme.

Ces 30,000 douaniers sont là pour que tu paies fort cher, toi que ronge l'impôt, la viande que produit l'Allemagne, le blé que produit la Russie ; ils sont là pour empêcher que tes marins puissent porter du sucre, du riz, du café, de l'indigo ;

(cependant, le jour où la part de ton peuple en sera faite, France, je te promets 100,000 navires de plus, 500,000 marins, brave armée qui ne coûte rien à ton budget et toujours prête pour l'abordage, le poignard dans les dents, le pistolet au poing). Ils sont là afin que pour construire nos navires nous n'ayons ni fer, ni chanvre, ni bois; pour que tous les transports soient très-chers, et que, par ce haut prix de toutes choses, la misère s'aggrave sans cesse.

Pour récompense de ces services, tu leur donneras, à ces hommes (pauvres aveugles qui sont tes frères), 35 millions chaque année, compris dans une solde qui varie de 600 à 120,000 fr. Ces hommes qui, industrieux et éclairés qu'ils sont, rendraient à la société les plus immenses services, ne seraient-ils pas tous industriels et agriculteurs? n'ajouteraient-ils pas 40 millions aux produits de notre sol et de notre industrie? Voilà donc encore, de perte brute, 75 millions.

Qui te rendra ton bien-être, peuple? sera-ce l'administration de l'enregistrement? elle qui rend si bien toute transaction impossible, qui attache à la propriété sa lèpre honteuse, et nous donne, en sus du vol légal, les procès que suscite le soin qu'on prend d'éviter sa taille exorbitante; elle qui immobilise l'air et la vapeur; qui fait que toute vente se cache, que tout traité est secret; que celui qui veut acheter se ruine et ne peut jamais revendre. Qui pourra dire ce que serait devenue la propriété, dégagée de son entrave onéreuse et despotique? Sans lui, tout fermier eût été possesseur. L'amélioration et le progrès, enchaînés par lui, n'eussent-ils pas changé la face du sol et doublé ses produits? Arrière, lois fiscales! Cet or, arraché à la sueur du peuple, qu'en avez-vous fait? Les canaux sillonnent-ils le sol pour l'irrigation et les transports? nos navires couvrent-ils les mers les plus lointaines? vous donc qui l'avez perçu et qui n'en avez fait qu'un misérable emploi, soyez maudits!

Votre devoir était de faire notre marine prospère, le peuple riche et puissant, portant son commerce, ses richesses, sa langue sur l'étendue du vaste globe. A lui qui est ingénieux et brave, les vastes colonies, à lui toutes les terres que ne possédait pas encore la civilisation européenne.

Peuple, tu es malheureux, et tu laissais trafiquer de ta pitié; ton fils, pris pour le service de l'Etat, en qualité de soldat ou de marin , t'écrivait-il dans un instant de loisir , cette lettre te coûtait 1 fr., 4 fr., 5 fr., cinq journées d'un dur travail et sans pain , pour apprendre que ton fils mourait du choléra dans l'Inde , ou de chaleur sous la zône torride , en chassant le négrier au profit de l'Angleterre.

Peuple, tu souffres , et cependant avec résignation ; tu supportes que le fisc te fasse payer 2 fr., 3 fr. pour cette barrique de vin achetée par toi 2 fr. 50 c. en Languedoc ; dans la Gironde, 8 fr. pour ta piquette, qui vaut bien moins, tandis que les vins fins ne paient que la centième partie de leur valeur, et cela, moyennant une permission que tu vas humblement solliciter à une ou plusieurs lieues de ton domicile, en t'enfonçant jusqu'au ventre en des chemins fangeux. Tu envies alors le moyen âge et son impôt progressif, en sens inverse, car il n'était pas à ce taux excessif.

Mais cette loi te rend encore de nombreux services ; je vais te les énumérer :

Le vin , qui donne l'intelligence et la vigueur d'esprit , ce vin que le cultivateur méridional abandonne à tout prix, même à 1 fr. l'hectolitre, l'ouvrier de Lille , de Sédan, de Strasbourg , ne peut pas le consommer ; grâce à elle il devient trop cher !

Alors , le cultivateur du Nord plantera le houblon et fera fermenter son grain ; d'où triples avantages :

1° Priver nos braves caboteurs des trois quarts de leur fret ;

2° Priver le peuple du grain qui fermente dans la bière et de celui que produirait les champs de houblon ;

3° Alourdir ton esprit par une boisson pesante et te rendre bien plus *facile à gouverner.*

Tu souffres , peuple, mais tu dois être fier quand tu passes sur ces boulevarts brillants , bien pavés , bien éclairés ; tu peux narguer le riche en lui disant : « C'est moi qui paie » cela, ô riche oisif et fainéant ! on ne daigne te prendre » qu'une pauvre obole, mais moi c'est de l'or que je donne. Je » donne plus , je donne la moitié de ma nourriture, la moitié » de celle de mes enfants ! » Vive Dieu ! c'est fraternel.

Mais ta joie est courte , enfant du pauvre , car tu retournes en ton bouge, et le froid et l'humidité que tes robustes bras éloignent de la demeure du riche saisissent douloureusement tes membres. Tu souffres encore, diras-tu, je pense alors que tu n'as pas lu dix-sept discours, rédigés chacun par neuf ministrès, et prononcés par la bouche d'un roi, car il y est assuré que la prospérité va toujours en croissant. Ouvrier, mon ami, il faut que tu sois bien mal informé !

D'ailleurs je t'ai vu, un jour de fête, dans la pipe du vieux grognard, ton père, fumer de vrai tabac. Or, le tabac, dit ce volume énorme qu'on nomme le budget, est un impôt facultatif. Si tu n'étais riche, assurément tu ne t'y soumettrais pas.

Profonde dérision ! un impôt volontaire ! On organise un monopole, on le décore du nom d'impôt volontaire. Le tabac, impôt volontaire ! En prend qui veut, et du bon. Le sel, impôt volontaire ! Il en serait de même des casquettes et des pantalons : ne pourrait-on pas, comme à Nouka-Hiva, se contenter d'une ceinture pour tout vêtement ?

Les monopoles utiles, assurances, tontines, chemins de fer, on s'est bien gardé de les constituer ; ne vaut-il pas mieux laisser cent mille *honnêtes industriels* se partager ou perdre en faux frais 80 p. 100 de leurs recettes.

Peuple, tu es malheureux avec une justice si bien organisée ! gratuite !! car ces juges ne te coûtent que 25 millions. Puis, quel progrès ! vois : du temps de ce bon La Fontaine, qui s'en émerveillait encore ! dame justice, posant gravement sur son chef, à chevelure empruntée des Mérowingiens, une lourde simarre, disait à chaque plaideur, en avalant l'huître en litige : « Allez heureux et en paix, chacun de » vous aura sa coquille. » Quel pas immense tu as fait ! Je soupçonne que Thémis elle-même sera venue organiser, pour le bonheur des humains, nos codes et leurs intelligents interprètes. Quelles richesses ! dix hommes, des plus robustes, ne porteraient pas sur leurs épaules nos lois et leurs savants commentaires ; la vie de dix autres ne pourrait suffire à les classer. Pauvres Grecs du Bas-Empire qui citaient avec orgueil leurs innombrables lois ! comme nous les avons laissés loin dans cette noble carrière de la chicane et de l'argutie ! Toute cause est devenue bonne : avec de pareilles lois, niez le progrès, détracteurs orgueilleux de ce siècle d'*or*.

Puis, autour de ce monument, alliage de bronze et de carton, contemple avec orgueil ce peuple immense d'huissiers, d'avoués, d'avocats, de greffiers, riches, heureux, satisfaits, ardents au travail ; un travail fructueux, fécond dans ses résultats et qui produit 100 millions..... que tu paies.

Trois prud'hommes, élus par toi, dans ton canton, videraient sans frais tes querelles. Mais quels immenses avantages ne recueilles-tu pas à voir tes procès durer dix ans, et quel plaisir de dire : « Pour cette mitoyenneté de mur qui vaut 20 fr., » nous avons dépensé chacun 600 fr. Ah ! mon voisin a beau » être entêté, je prouverai que je le suis plus que lui. »

Au lieu d'un simple code, vingt in-folios, c'est bien plus beau, conviens-en.

—————

Beaucoup de gens vont me dire : Pamphletaire, mon ami, tu crois que cette révolution a été faite pour détruire les abus ; mais observe que celles qui se sont succédé sur notre sol, depuis cinquante ans, n'ont eu d'autre but que de les étendre, augmenter, aggraver, embellir. L'empire crée des majorats, une noblesse qui rit de ses titres, elle-même, hors de sa barbe, quand les autres restent graves, habitués qu'ils sont à cette comédie dont ils voient la vingtième représentation ; l'empire étend l'impôt des boissons, ses lois de douane deviennent prohibitions ; la betterave plantée par lui prend, aujourd'hui, des dimensions si colossales, qu'elle comble vingt ports de mer et privera de pain des millions d'hommes ; la restauration survenant, prend 1 milliard dans ta poche et le distribue à ses favoris ; elle pensionne les chouans, prend pour sa liste civile le revenu de treize départements, et fait une part dans le trésor à tous ses marquis de Carabas ; 1830 venant par dessus, porte le budget de 1 milliard à 1,500 millions, crée 40,000 fonctionnaires de plus, et poltronne devant l'Europe dont il peut être le dominateur et le maître ; ce budget, la Républi-que, par les hauts faits de MM. Garnier-Pagès, Duclerc, Goudchaux, Trouvé-Chauvel, le porte, en six mois et de plein saut, à 1,805 millions ! Bravo ! vive la République démocrati-que et sociale !

Qu'importe, nous allons faire à notre tour, nous, démocra-tes, notre révolution pacifique. Et, saisissant ce budget, mons-trueux cétacé aux écailles d'argent, comme a dit le poète, nous allons si bien l'éventrer, que Victor Hugo lui-même le voyant passer, ne le reconnaîtra plus. Le cachalot devient lévrier.

Comptons nos suppressions :

Contributions directes..........................	420,000,000
Enregistrement, timbre et domaines...........	280,000,000
Douanes et sels.........	220,000,000
Contributions indirectes et tabacs..............	250,000,000
Produits universitaires..........................	2,500,000
Autres produits divers et honteux..............	103,500,000
	1,275,000,000

Dont il faut déduire :

1° Les économies suivantes, qui découlent de la suppression des services : service et administration des timbre, enregistrement, réduits aux légitimes honoraires des contrôleurs-copistes... 20,000,000

Service des douanes et sels.................. 50,000,000

Service des contributions indirectes..... 80,000,000 y compris l'achat des tabacs.

Produits universitaires.................. *Mémoire.*

Economies sur l'administration et la recette des produits div. 25,000,000

175,000,000

2° Economie sur l'armée, réduite par deux ans de service à 150,000 hommes sous les armes............. 250,000,000

3° Intérêt de la dette, réduit au taux normal, soit en économie..... 50,000,000

4° Amortissement supprimé..... 50,000,000

Total des économies démocratiques à réaliser......... 525,000,000   525,000,000

Reste à suppléer.............................. 750,000,000

Pense-t-on qu'un impôt du revenu, dans lequel seraient fondues la contribution foncière , celle personnelle et mobilière , les portes et fenêtres, les patentes, ne pût pas produire aisément un milliard ? Ce qui permettrait alors de consacrer 250 millions de plus à notre marine , à nos travaux publics, à nos ports !

100,000 fonctionnaires de moins à payer ! 100,000 hommes parmi les plus instruits, les plus intelligents , devenant agriculteurs, industriels, commerçants ; 400,000 hommes des plus robustes, soldats et douaniers , rendus à l'agriculture , à la marine , aux colonies à fonder , à l'Algérie, au sol fertile : tous venant augmenter le revenu, au lieu de le dévorer d'une dent avide.

Mais, par dessus tout cela , plus d'entraves : aux villes , pour leur luxe , leur éclairage, pour toutes leurs dépenses enfin , le centime additionnel sur l'impôt unique, sur l'impôt du revenu, le seul logique, le seul raisonnable , le seul humain, le seul qui se perçoit sans frais , dont l'établissement et l'assiette sont d'une merveilleuse facilité, que fixe un jury , cette noble et fraternelle institution de nos temps, que percevront les receveurs de l'impôt foncier , administration toute montée et fonctionnant bien mieux avec un rôle unique.

Pour toute une ville immense , un seul bureau, un seul registre , un seul carton, la liberté enfin. Nul employé ne taxera la nourriture du pauvre ; on pourra marcher dans la rue, sur le grand chemin, sans craindre ces mille détrousseurs institués sous des noms divers.

De tout ce système d'impôts, légués par les odieux régimes qui se sont succédé, maltôte, aide, gabelle, octroi, douanes, peuple, tu ne seras libre qu'alors qu'il n'en restera plus vestige. Ne t'arrête pas surtout à écouter les hurlements que vont pousser les maîtres de forge, habitués à gagner 60 p. 100 et réduits à 20 : sauf à eux à ne pas faire crédit aux banqueroutiers, à ne pas emprunter aux usuriers ; n'écoute pas les cris de ces chefs de soi-disant industries qui vivent en serrechaude ; n'écoute pas les doléances et les gémissements de ces innombrables et pernicieux fonctionnaires.

Si on ne te rend pas justice, peuple souverain, réunis-toi. — Formez une association, vous tous qui voulez ces réformes, vous êtes innombrables. Je vous le dis, moi qui vous ai comptés; ne nommez que des députés qui aient jeté avec vous, du fond de la poitrine, ce cri contre l'oppression : « A bas toutes les contributions indirectes! »

***

Le budget arrêté en 1815 à 547,700,000 fr., trente ans de monarchie l'ont triplé.

Le chiffre de la dette de l'Etat, arrêté à la même époque par le baron Louis, se montait à 759 millions. — Elle est maintenant de plus de 7 milliards!

500 millions chaque année eussent suffi à tout ce que vous avez fait depuis trente ans. Vous qui avez gouverné, vous devez compte à la France de 25 milliards! Les avez-vous employés à creuser de vastes ports, des hâvres commodes, avez-vous sillonné le territoire de routes innombrables, de voies de fer, de canaux sans nombre? La France est-elle la première des nations maritimes? son commerce est-il égal à celui de toutes les autres nations? Car avec ce peuple intelligent et cette somme énorme, chiffre inconnu en finances, vous avez dû étendre la civilisation sur le globe, porter dans l'Inde, dans la Polynésie, dans l'Amérique, d'innombrables colonies, établir sur tout le globe la langue et le nom français.

Non, vous n'avez rien fait! Arrière donc gouvernants malhabiles, charlatans de place publique, je vous le dis, le peuple reprend les rênes de son gouvernement : lui seul est apte aujourd'hui à les bien tenir. Hors du temple, marchands et voleurs; arrière vous tous, nains vêtus d'oripeaux, la démocratie reprend ses droits.

CONCLUSION.

Tout impôt indirect pèche essentiellement par sa base : il est *disproportionnel*. Dans l'état actuel des choses c'est le pauvre qui le paie, au profit du riche, c'est une profonde iniquité.

Il est temps que les revenus les plus nets et les plus liquides paient une part dont les autres furent chargés jusqu'à ce jour.

Si 547 millions suffisaient, il y a trente ans, à un gouvernement qui consacrait 200 millions à la guerre, avait un large excédant de recettes sur les dépenses, attribuait au chef de l'Etat et à ses parents une liste civile de 33 millions, pourquoi cette même somme ne suffirait-elle pas, aujourd'hui qu'il est clairement démontré qu'un peuple peut être parfaitement libre et florissant avec 100,000 fonctionnaires de moins ?

Si l'administration de l'empire coûtait encore moins, pourquoi cette somme ne nous suffirait-elle pas aujourd'hui ?

« C'est juste, » direz-vous tous, carriers et autres, mes frères. « C'est infâme ! » diront 200,000 fonctionnaires et tous ceux qui vivent d'abus de toute sorte, qu'enfante un budget monstrueux.

Que t'importent ces cris ? Démocratie, organise-toi, forme tes orateurs, dis au peuple que l'impôt même de 1,800 millions est léger pour la France, s'il est justement réparti ; mais que, réduit de moitié, il serait encore beaucoup trop lourd pour les faibles et les rachitiques ; éclaire, éclaire ce peuple dont le suffrage, encore ignorant, lui fit se porter à lui-même les coups les plus funestes. Tu n'as qu'un mot à dire, mais dis-le dans ses assemblées publiques, ta cause est gagnée. — N'as-tu pas vu le succès magique de la restauration qui, menteuse et traîtresse à ses engagements, fut portée en triomphe par nos frères ignorants aux cris de : « A bas les droits réunis ! » A ceux qui ont faim, disons, nous, sans arrière pensée : « Ce pain qu'on ravissait chaque jour au repas de ta famille, peuple, je te le rends. »